Société normande de Géographie

Simple Souvenir

d'une

Fête Franco-Canadienne

A Rouen, en 1901

Compte rendu par M. Gabriel Gravier

Membre honoraire de la Société royale du Canada

Rouen

Imprimerie Cagniard (Léon Gy, successeur)

Rues Jeanne-Darc, 88, et des Basnage, 5

1904

Simple Souvenir

d'une Fête Franco-Canadienne

à Rouen, en 1901

Société normande de Géographie

Simple Souvenir

d'une

Fête Franco-Canadienne

A Rouen, en 1901

Compte rendu par M. Gabriel Gravier

Membre honoraire de la Société royale du Canada

Rouen

Imprimerie Cagniard (Léon Gy, successeur)

Rues Jeanne-Darc, 88, et des Basnage, 5

1904

Conférence-Fête Franco-Canadienne

Sous la présidence d'honneur de M. HECTOR FABRE

COMMISSAIRE GÉNÉRAL DU CANADA EN FRANCE

LE JEUDI 30 MAI 1901

Compte-rendu par M. GABRIEL GRAVIER

MEMBRE HONORAIRE DE LA SOCIÉTÉ ROYALE DU CANADA

Au 30 mai 1901, M. Georges Monflier avait rempli avec distinction sa tâche de l'année.

Il avait reçu comme conférenciers :

M. Émile Levasseur, membre de l'Institut, professeur au Collège de France;

M. Paul Labbé, explorateur, chargé de mission;

M. Camille Guy, chef du service géographique et des missions au Ministère des Colonies;

M. André Leclère, ingénieur en chef au Corps des Mines;

M. Fernand Foureau, chef de la Mission Saharienne;

M. Henri Cordier, professeur de langues orientales et vice-président de la Société de Géographie de Paris;

M. Janssen, membre de l'Institut, directeur des Observatoires du Mont-Blanc et de Meudon;

M. le vicomte Eugène Melchior de Vogüé, membre de l'Académie Française.

Tous ces noms prouvent qu'à son arrivée à la présidence de la Société, M. Georges Monflier tenait déjà, dans le monde géographique, une place distinguée.

Cette situation et ces succès n'assouvissaient pas son désir de bien faire.

Il rêva de donner aux membres de la Société une fête géographique, artistique et patriotique. L'idée n'était pas à la portée de tout le monde, mais elle était bonne.

Au moment où la France reconstituait son empire colonial on ne pouvait mieux faire que de parler du Canada, de cette terre dont l'âme est encore toute française, où l'on pense, où l'on parle, où l'on chante comme on pensait, on parlait, on chantait, en Normandie au siècle de Louis XIV.

Pour donner à cette fête son caractère, et marquer que la France aime toujours et regrette toujours l'enfant très cher qu'elle a perdu, il fallait le concours de M. Hector Fabre, commissaire général du Canada en France. Or, M. Hector Fabre aime également le Canada, sa patrie, et la France, berceau de sa famille, et rien ne lui pouvait être plus agréable que de mettre la main de la France dans la main du Canada. A la demande de M. Georges Monflier, il a fait l'aimable réponse que voici :

GOUVERNEMENT DU CANADA

Commissariat général, 10, rue de Rome

Paris, le 20 mai 1901.

Monsieur Georges Monflier, président de la Société normande de Géographie, Rouen

MONSIEUR LE PRÉSIDENT,

En réponse à votre lettre du 18 courant, je m'empresse de vous dire que j'accepte avec grand plaisir la présidence d'honneur de la fête canadienne que vous préparez.

Les Canadiens seront très sensibles au sentiment tout cordial et patriotique qui a inspiré à la Société normande de Géographie la pensée d'une fête consacrée à rappeler les gloires communes à Rouen et aux villes canadiennes.

Je serai heureux personnellement d'avoir une occasion si agréable de faire votre connaissance et celle des membres de votre Société.

J'attendrai la visite de M. Soudan de Pierrefitte pour connaître le programme définitif.

Veuillez agréer, Monsieur le Président, les assurances de ma considération la plus distinguée.

Le Commissaire général du Canada en France,

HECTOR FABRE.

Donc la fête aura lieu le 30 mai 1901, sous la présidence d'honneur de M. Hector Fabre, dans la grande salle des fêtes du Grand Hôtel de France.

Les journaux de Rouen ont constaté que, bien avant huit heures, la salle était envahie par la foule élégante et empressée de nos grands jours.

M. Mastier, préfet de la Seine-Inférieure; M. Berchon, premier président de la Cour d'Appel; M. Marcel Cartier, maire de Rouen; M. Doliveux, inspecteur d'Académie, occupaient les premières places réservées aux autorités.

A huit heures précises, M. Georges Monflier ouvre la séance par une allocution dans laquelle, d'une façon brève, précise, mais poétique à la fois, il évoque le souvenir toujours fidèle et vivace des Canadiens pour leur province d'origine, la vieille Normandie.

Puis, il prie M. Hector Fabre, président d'honneur de cette fête familiale, de vouloir bien présenter le conférencier, et de nous dire ce que les Canadiens pensent de leur ancienne patrie.

M. Hector Fabre, aimablement pressé de prendre la parole, s'exprime ainsi :

ALLOCUTION DE M. HECTOR FABRE

MESDAMES, MESSIEURS,

M. le Président a parlé des Canadiens en termes extrêmement sympathiques et touchants, extrêmement poétiques, ce dont je lui suis très reconnaissant.

Au Canada, les Canadiens français sont presque tous Normands; malheureusement, je fais exception, car je suis d'origine méridionale, mais j'ai vécu parmi tant de Normands que je suis devenu Normand à mon tour.

Quant à M. de Pierrefitte, je n'ai pas besoin de vous dire qu'il connaît le Canada comme moi, mais il sait mieux en exposer les qualités et les vertus.

Voici la recommandation qu'il m'a faite tout à l'heure, en me disant : « Prenez la parole; si vous êtes bien écouté cela m'aidera à faire un » beau discours; si au contraire vous avez un insuccès cela facilitera encore » mon discours ».

D'après l'accueil sympathique que vous me faites à tous les points de vue, il est permis de croire que la tâche de M. de Pierrefitte sera facile.

Je voudrais simplement marquer en deux mots l'impression profonde que nous a laissé l'Exposition de 1900. Vous paraissez un peu l'oublier, l'Exposition de 1900, peut-être est-ce parce que vous êtes à la veille des élections ?

Eh bien ! voulez-vous me permettre de vous dire, Messieurs, en quelques mots, l'impression que l'Exposition a faite dans le monde? Messieurs, tout le monde a vu à l'Exposition jusqu'à quel point nous avons, nous autres Canadiens, conservé les traditions et l'empreinte françaises à travers tous les événements et en toutes circonstances, aussi bien dans les choses que dans les idées et les sentiments. Par la langue distincte, par les institutions civiles et religieuses, nous sommes restés Français. C'est que pour nous la France n'est pas de ces pays que l'on finit par oublier et nous ne sommes pas de ces esprits indécis qui aussitôt qu'ils s'animent deviennent chose essentiellement mobile et changeante. Cet état d'esprit est autant à l'honneur du caractère français que du caractère canadien.

Le Canada n'est pas seulement une page d'histoire ancienne, c'est un pays actif, agissant, tout moderne, qui ne le cède en rien aux États-Unis. Nous avons eu la pensée, lors de l'Exposition de 1900, de rendre service et de profiter d'une occasion unique, de nous rappeler à la mémoire de ceux qui observent et qui prévoient, et nous faire connaître à ceux qui espèrent. Dans ce but, nous avons essayé de donner une idée du Canada, de la façon la plus exacte et la plus fidèle, mais non plus de la même manière que certains pays, lesquels n'ont songé qu'à faire briller leur aspect pittoresque.

Nous avons, nous aussi, notre pittoresque qui vaut bien celui des pays orientaux. Une mise en scène brillante aurait pu exciter la curiosité de nos visiteurs, nous aurions pu montrer des spécimens de l'architecture du Canada. Nous avons renoncé à ces succès faciles, et malgré les exemples que nous avions tout autour de nous avec nos voisins du Trocadéro, nous avons résisté à la tentation d'aller combattre sur leur territoire, les peuples à panache et les pays aux horizons dorés. Nous sommes restés dans nos murs ouverts de toutes parts. Il y a des gens qui disent qu'ils connaissent le Canada et ils l'ignorent.

Maintenant, Messieurs, quelle a été l'importance de l'impression laissée sur le monde par l'Exposition de 1900 ? Devez-vous regretter ou vous féliciter d'avoir fait cette impression grandiose ? Cette impression a été énorme et ineffaçable. Rappelez-vous 1878 et 1889 et l'impression qui est restée du tableau magnifique, incomparable qui vient de disparaître.

Cette impression dernière de 1900 est d'un caractère plus universel et apparaît encore à tous les yeux comme la plus grandiose manifestation de force pacifique et de génie dont le monde ait eu le spectacle au XIXe siècle, manifestation qui a permis de montrer dans son rayonnement le concert des peuples. L'empreinte de cette Exposition sur les peuples s'est marquée dans le façonnement, dans leurs goûts, dans leur manière de juger les choses. L'impression qu'ils en ont emportée sera, avec l'émerveillement que leur a causé l'Exposition, d'autant plus durable qu'ils se souviendront de la part qu'ils ont prise à cette manifestation universelle qui a permis à la France de prouver que si parfois elle s'est laissé dépasser, elle a su aussi regagner le terrain perdu et s'imposer à l'admiration du monde.

Sur le monde et sur tout le continent les conséquences de la guerre de 1870 se sont fait sentir. La France particulièrement en a subi les effets et s'est pendant longtemps moins intéressée, qu'autrefois, à ses amis dispersés aux quatre coins de l'univers. Depuis plusieurs années, elle s'est montrée plus ouverte, plus accessible aux choses extérieures, mais malgré tout, sa situation n'est pas ce qu'elle devrait être. Que de fois n'a-t-on pas regretté que les Français ne fassent pas plus fréquemment quelques voyages autour du monde et n'aillent pas se rendre compte par eux-mêmes des progrès accomplis par leurs concurrents. Il n'est pas possible, en effet, de les distancer, si l'on n'étudie pas sur place les méthodes des autres, et si l'on ne cherche pas à en faire l'application à ses opérations.

La France jusqu'ici a été dominée par d'autres préoccupations et est restée comme enfermée dans ses frontières; cette situation ne peut durer indéfiniment sinon elle tournerait à son détriment. Il est permis d'espérer qu'il n'en sera pas toujours ainsi, et quand le passé, les vieux sentiments, les intérêts nouveaux lui tracent une nouvelle voie elle ne saurait hésiter à s'y engager. Nous l'y invitons et nous serions heureux, en particulier, de voir tous les Rouennais visiter le Canada.

Après une longue salve d'applaudissements, la parole est à M. Jehan Soudan de Pierrefitte.

M. Soudan est normand, même bas-normand; mais il a vécu si longtemps en Canada, il a tant appris à aimer les Canadiens qu'il se croit un peu canadien lui-même. Pourquoi pas ? La Nouvelle-France n'est-elle pas une continuation de la Vieille-France ? N'est-ce pas du sang normand qui coule dans les veines de la plupart des Canadiens ? N'y a-t-il pas étroite parenté entre les Français de France et les Français d'Amérique ?

M. Soudan prend pour thème de sa conférence : *En Canada — Les Normands d'Amérique*, et parle ainsi :

EN CANADA — LES NORMANDS D'AMÉRIQUE

Conférence de M. JEHAN SOUDAN DE PIERREFITTE

MONSIEUR LE COMMISSAIRE GÉNÉRAL DU CANADA,

MONSIEUR LE PRÉSIDENT,

MESDAMES, MESSIEURS,

Par un matin radieux du mois de mai 1608, Samuel Champlain, vaillant ami du roi Henri IV et capitaine dans la marine de France, le hardi navigateur dont M. Gravier, fondateur de votre Société, a retracé la belle vie, dans un livre de tendresse et de science géographique, Champlain quittait le petit port de Honfleur, « en bas de la rivière de Rouen ». Ses compagnons furent des matelots, des laboureurs, des artisans et des soldats, pris à la grande vallée normande ; en tout 200 à peine. Le soir, en mer, à la clarté de sa lampe de bord, Champlain écrivait, en haut de la page blanche, cette parole de foi et d'espérance : « Au nom de la Très-Sainte Trinité... Nous faisons route vers les terres des Canadas. Que la Sainte Vierge nous conduise ».

Deux mois plus tard, Champlain touchait la terre d'Amérique, dans la Nouvelle-France, et fondait la ville de Québec avec des Normands de chez vous.

Soixante ans après, en 1668, un enfant de Rouen, Cavelier de la Salle, s'embarquait pour Québec avec 30 marins et ouvriers normands.

Mesdames, Messieurs, par les grands ancêtres Samuel Champlain et Cavelier de la Salle, par cent autres qui les imitèrent noblement, la Normandie reste glorieusement liée à l'histoire de la fondation du Canada. Découverte, exploration, établissement, organisation, avenir, sont normands.

Devant vous, voici un noble écusson : le léopard héraldique de vos ducs de Normandie, devenus rois d'Angleterre. Avec nos fleurs de lys de l'ancienne France, la feuille verte d'un arbre bienfaisant, l'érable américain, qui distille pour les Canadiens un sucre parfumé, à défaut de celui que la canne tropicale donne aux créoles des Louisianes et des Antilles. Et pour devise à l'écu, cette musique de France : « Je me souviens ».

C'est le fier blason, c'est la touchante devise de Québec. Ce sont les armoiries du Canada français, les armes parlantes de la nouvelle Normandie d'outre-mer. C'est, résumée en symboles, toute l'histoire du Canada.

L'été dernier, de la cohue triomphale de Paris une discrète caravane de voyageurs se détacha, descendit la Seine.

Les visiteurs s'arrêtèrent à Rouen; ils parcoururent vos rues, vos places. Ils se recueillirent devant les reliques de pierres de votre capitale de l'histoire normande. A les voir et les ouïr, vous vous êtes écriés : « Mais, ce sont des gens de chez nous ! ». Et vous leur avez fait fête.

Vous aviez reconnu des « cousins » à vous, Mesdames, Messieurs, des cousins du Saint-Laurent, venus des lointaines vallées de la Normandie d'outre-mer, pèlerins du souvenir à la vieille ville de Cavelier de la Salle.

Et avant cela, dans la fête donnée par Honfleur, à l'honneur du Canada Normand, nous avions entendu un ministre de Québec, M. Adelarp Turgeon, saluant ainsi la vieille Normandie : « Tout bon musulman veut au moins, une fois dans sa vie, faire le pèlerinage de la Mecque. Pour les Canadiens la suprême joie c'est de faire le voyage de France. Pour moi qui suis Normand, le voyage n'aurait pas été complet si je n'avais pas vu « ma Normandie »; car je suis natif de Beaumont. Là, reposent mes ancêtres au-delà de deux siècles. Et vous ne sauriez croire la joie que j'ai éprouvée à voir, au pays d'Auge, ma paroisse d'origine ».

Or voici, Messieurs, qu'après bientôt trois siècles, les Normands d'Amérique, descendants des Normands de 1608, les descendants des pauvres équipages de Champlain et de La Salle se trouvent avoir fait d'assez bonnes affaires, paraît-il, sur les rives lointaines du Saint-Laurent; car ils offrent un demi-million aux vapeurs de la marine moderne pour refaire à rebours le voyage de la Normandie de France.

Une fois de plus, Messieurs, dans votre histoire admirable, les cadets de race normande font la nique à la sagesse des gens assis, trop prompts à médire de la « pierre qui roule ».

Eh bien ! Messieurs, permettez qu'on vous le dise. En revenant ici à leurs ports d'attache, au pays d'origine, vos cousins de la Nouvelle-France ne perdront rien, comptez-y, pour avoir suivi la pente de leurs souvenirs vivaces, pour avoir suivi cette sûre boussole de leur piété filiale à la vieille Mère Patrie.

Avec toute leur fervente tendresse à la Normandie retrouvée, nos avisés Canadiens apporteront ici quelque chose de plus qu'une émotion attendrie. Dans les navires de la ligne Franco-Canadienne, qui fera bientôt, entre Québec et la France, le *plus court trajet de l'Europe au Nouveau-Monde*, vous arrivera un stock substantiel; la cargaison solide des échantillons des bois de constructions les mieux choisis, des bois de luxe les plus riches. De leurs immenses forêts, les Canadiens vous apporteront aussi la « pulpe », inépuisable pâte de leurs sapins lointains, convoyée jusque chez nous, c'est presque par surcroit, et qui nous fera, presque pour rien, du papier de France. Comme ils font déjà du papier pour tout le monde.

Vous verrez, Messieurs, je vous le prédis, ces oseurs qui savent compter, vous les verrez un jour, débarquer sur vos quais de Rouen du beurre frais des Isigny, du fromage de Neufchâtel, des Camembert, des Pont-l'Évêque de l'Amérique normande, et encore des tonnes de leurs pommes « fameuses », voire des « bottes » de leur cidre de « pur jus », brassé aux pressoirs dernier modèle de la Normandie du Nouveau-Monde. Messieurs les négociants de Normandie, ne riez pas trop vite. Rien ne peut faire reculer l'audace industrieuse des Canadiens, parce qu'ils sont des *Normands dressés en Liberté.*

Et si ce jour-là vous êtes autant que vos cousins du Saint-Laurent, hardis et prudents tout ensemble, entreprenants et calculateurs, comme jadis, pour combiner, prévoir, organiser et conduire ; pour créer, en un mot, l'outillage nouveau de futurs gains d'échange, oh ! tenez-le pour assuré, vous aurez aussi, Messieurs les Normands de France, le moyen de ne pas perdre, dans cette reprise de relations entre parents retrouvés après des siècles. Car vous ferez emporter chez eux, à vos cousins du Canada, vos bœufs de plein air, mieux faits pour le climat canadien que les bêtes de luxe, les Durham anglais. Vous leur expédierez vos cotonnades, vos tissus, vos draps fameux. Vous aussi, Messieurs, vous pourrez envoyer à vos cousins d'Amérique les cent produits précieux de votre sol généreux, de l'industrie raffinée de l'art populaire spécial à votre Province opulente.

Par là, Normands des deux rives de l'Atlantique, vous aurez retrouvé l'instinct atavique de la race qui sait « gaigner ». Vous aurez augmenté votre patrimoine personnel, celui de la Province et de la Nation, sans sortir de votre famille. C'est la grâce que je vous souhaite.

Quel beau chapitre à l'Histoire normande de France que l'Histoire canadienne ?

A travers trois siècles d'exploits, de découvertes, de défaites héroïques, d'explorations hardies, de luttes intérieures pour l'établissement de la Liberté, d'espoirs déçus et de labeurs constants, les descendants des compagnons de Champlain et de Cavelier de la Salle, ils sont aujourd'hui trois millions et demi de Canadiens français, débordant de sève et d'énergie. Leur vitalité féconde s'affirme dans un progrès qui étonne, par une prospérité qui fait du Canada « le Paradis de l'Amérique du Nord ».

Mesdames, Messieurs, il faudrait ici la grande voix des historiens. Henri Martin a porté ce jugement définitif : « Dans l'Inde et ailleurs, on avait vu quelques héros de race française ; au Canada, ce fut tout un peuple de héros ». Tel est le Passé. Le Présent en est digne.

A l'heure où l'on discute autour de l'Université sur l' « Art d'Élever nos Enfants », les Canadiens nous donnent une éloquente « Leçon de Vie ».

Messieurs, on nous promet bientôt un « Collège de Normandie ». Ah ! qu'il naisse donc, ce Collège ! Qu'il fasse naître à côté de lui des Collèges où l'on cultive les qualités de la race, où l'on donne libre essor à toutes vos virtualités natives où l'on refasse une énergie à vos enfants !

Dans votre « Collège de Normandie » ne manquez pas, de grâce, de rappeler les belles vies de leurs ancêtres, à nos Français Normands ! Qu'ils apprennent l'Histoire des Normands du Canada ! Qu'ils connaissent, à côté des noms glorieux de Montcalm et de Lévis, celui de Jumonville, celui de la Verandrye, admirables découvreurs des Montagnes-Rocheuses, l'histoire de tant de Normands, classiques héros de l'histoire du Nouveau-Monde, et trop inconnus des seuls Français et des seuls Normands ?

Vos fils trouveront là de fiers modèles de l'énergie de leur race. Et en cherchant à les imiter, les élèves de votre « Collège de Normandie » feront ce qu'ont fait les Canadiens au collège ; ils deviendront des *Français et demi*.

Mesdames, Messieurs, un jour, dans un coin du Grand-Ouest américain, un voyageur tout en chevauchant avec un de ces trappeurs des romans, qui avec les derniers Peaux-Rouges sont les maîtres de la Solitude, s'informe du plus proche village.

« — Cachelapoudre, 5 milles, j'y vais, dit le trappeur.

— En avant, dit le voyageur.

Et après un temps de galop :

— Comment s'appelle cet endroit ?

— Cachelapoudre.

— Drôle de nom !

— Vous êtes étranger ? d'Allemagne, peut-être ?

— Non ! de Paris, France !... »

Le soir, à l'étape, j'appris, en lisant mon *Bædecker*, que 50 ans, auparavant, les trappeurs venus du Canada cachaient là leur poudre de guerre ou de chasse, d'où le nom *Ca-che-la-pou-dre*.

Messieurs, ce n'est pas à la Société normande de Géographie qu'il est besoin de le prêcher : « *La France vivante n'a pour limites à son expansion, ni les Pyrénées, ni les Alpes, ni les Vosges ou le Rhin, ni l'Océan* », *comme on serait tenté de le croire d'après les programmes des certificats d'études.*

En tous pays où des hommes, femmes, enfants, vieillards, naissent et meurent; partout où l'on rit, on pleure, on chante, où l'on aime avec des *âmes françaises*, vous le savez bien, n'est-ce pas, *c'est la France; autant et mieux parfois qu'en plus d'une des 36 000 communes de nos 86 départements du Bottin.*

Dans une sérénité des cœurs — qui ignore les divisions de l'éphémère politique, les règlements précaires de la Force, et les haines des races rivales — ce sont les « Autres Frances », essaims vivaces que nous tirâmes de notre veine pour les lancer à travers les compétitions de Peuples. Elles y suivent leurs destinées diverses, complètent, loin de nous, les chapitres souvent merveilleux d'un supplément jamais clos à l'Histoire de France.

A notre France d'Europe, ces essaims français sont de permanents et pacifiques interprètes. Leur rôle est de traduire incessamment notre âme aux âmes des autres peuples. Les « Autres Frances » hors la France, elles ont encore cette mission d'apporter en retour, à notre génie tout ce qui peut être filtré, traduit, adapté à nous mêmes, du génie, des progrès universels des nations chez qui nos enfants perdus trouvèrent un abri, se créèrent un foyer de patrie.

Colonies inamovibles du cœur et de la langue, sentimentales provinces de cette idéale République de l'Ame de France, par lesquelles, sous les plus hautes « espèces » de la vie humaine, à travers les espaces et les siècles, nous communions avec les hommes.

Ces « Autres Frances », détachées de l'aïeule, ont leur existence propre, une allure originale et personnelle. Différentes d'Elle en qualités et défauts distincts, elles ont grandi sous d'autres cieux, sous d'autres lois, d'autres suzerains. Elles restent pourtant les filles de notre tradition, par un invincible cordon ombilical, rattachées à la Mère lointaine, qui leur transmet toujours la vie secrète reçue par l'enfant dans le mystère des générations.

Avec les « Petites Frances » de nos Provinces contenues entre nos étroites frontières, et où l'Unité Nationale plonge ses racines diverses, est formé par les « Autres Frances » l'indissoluble ensemble de la Grande France de l'Histoire.

Oh! une des plus glorieuses dans le Passé, la plus radieuse, sans contredit, en face l'Avenir prochain, parmi toutes nos Frances lointaines, aux destins *indépendants*, — c'est la *France canadienne*.

Je me souhaiterais, ce soir, Mesdames, le don d'éloquence pour vous faire partager l'émotion qu'éprouve un Français de France à l'arrivée en Canada.

C'est par l'Hudson qu'il faut gagner le Saint-Laurent, par New-York, par Boston qu'il faut aborder Québec. Alors, l'impression est saisissante.

Vous fuyez l'écrasement des rouges bâtisses colossales, l'oppression des énormes villes, et dans les cités trop neuves, l'égoïsme homicide des foules dont tout vous sépare.

Soudain, comme par enchantement, vous voici transporté dans une atmosphère de douceur hospitalière, un décor d'harmonieuse sympathie.

Vous voici dans la vieille France, dans la vieille Normandie; non pas dans une France de musée, non pas dans une Pompéi française ni dans une bibliothèque de vieilles choses mortes où le passé sent le moisi. Point. Vous êtes dans une nation qui vit, chez un peuple en mouvement, dans une France *en marche*. Charmant et unique vision d'une vieille France qui est jeune!

Aux boutiques, aux maisons de pierre grises quelque chose de solide, d'assis, — au lieu de ce provisoire des villes de l'Amérique yankee. — Déjà, c'est la douceur des vieux logis qui virent s'aimer des générations de « nos gens ». Et cela, même dans les nouvelles cités du Canada français. En même temps, le « délicat » de l' « ancien » et la vie débordante d'un peuple adolescent. Montréal est certes aussi active qu'un Marseille ou un Havre. Telle ville de 25 ou même 10 000 habitants est éclairée à l'électricité; car on y est « pratique », et l'on sait utiliser la force gratuite des eaux courantes. C'est partout l'outillage moderne le plus récent, une intense rivalité de municipalité à municipalité pour l'hygiène, le confort, l'intérêt, l'agrément public et aussi pour l'art, pour l'idéal, patriotisme, religion, morale.

Le Progrès, voilà le mot, qui, pour un Français de chez nous, se doit ajouter toujours aux choses du Canada contemporain. C'est la caractéristique de la France Transatlantique. Un Progrès français, un Progrès sûr de soi, qui n'a pas rompu avec la Tradition de la race, mais la continue au contraire, la pousse en avant, pour toutes les conquêtes de la vie matérielle et pratique, élargit ses horizons aux nobles rêves d'ambition.

C'est surtout aux « paroisses », communes rurales, que s'est perpétué la joie de notre ancienne simplicité de vie, la bonhomie de nos vieilles provinces, mais, dans un décor de vie moderne qui ferait honte à nos « routines » figées du paysan français. Ce sont les mœurs familiales conservées chez « l'habitant » avec notre « parler ». La jeune fille n'y est pas la *miss* nerveuse de Chicago; elle n'y flirte pas comme elle, en indépendante; elle rougit encore et rit à la française.

Pour le langage, c'est proprement, réalisée la boutade de Paul Féval : « Quand la belle langue de France aura été submergée à Paris, sous les vocabulaires barbares (des sectateurs d'Ibsen, de Wagner et des monomanes du sport), la douce langue de Racine, la claire parole de La Fontaine et de Courrier se retrouvera sur les bords du Saint-Laurent ».

A part quelques canadianismes créées par la vie coloniale, ou venues de la vie sociale anglaise, les classes élevées parlent, en Canada, un « Français » savoureux, délicat, auquel je trouve un charme infini.

Pour l'ouvrier des villes, pour l'*habitant* des paroisses, tout compte fait, leur « français » laisse à cent lieues en arrière, comme autant de « patois », le *parler* du Breton, du Marseillais, du Bordelais, du villageois Normand.

En France, nous jouons sans danger à nous angliciser. Nous disons un *wagon*. Le Canadien se défend et dit un *char*, et le cocher est un *charretier*. Il ne dit pas un *square*, mais un *carré*. Il ne dit pas des *rails*, mais des *lisses*, comme en pays normand, avec mille locutions très heureusement conservées de notre idiome, délicieusement vieillottes, expressions gardées des jours de Mme de Sévigné ou de Mme de Pompadour, lesquelles ignoraient l'argot de coulisses.

Un piano est un *clavecin*, et parfois il est *discord*. Un coup de neige c'est une *poudrerie*. Causer c'est *jaser*, et l'on pratique la *jaserie*. Des voyages en mer on garde aussi les mots *aborder*, pour heurter. On *embarque* en voiture. Un joli mot désigne le crépuscule : la *brunante* et la *soirante*.

Vestiges de notre délicatesse, nuances qui vont si bien avec cette fleur de notre séculaire courtoisie, partout enseignée comme *politesse française* dans les écoles, en usage dans les salons des deux mondes, alors que nous changeons notre *aisance* native pour la *correction*, c'est-à-dire la raideur d'Outre-Manche......

Oui, certes, tout le charme de notre Société, tout son raffinement de sentiments et de paroles, mais, dans le cadre d'un modernisme *bien portant*, qui réalise le sage programme formulé par M. W. Laurier, premier ministre du Canada : L'*Idéal Français par les Méthodes Anglaises*.

Pour le maintenir intact pendant ce siècle et demi de séparation, quels prodiges de tenacité fidèle chez les Canadiens, au cours de leur admirable Histoire ! Héros, disait Henri Martin de leurs pères. Les fils les ont continué.

A ces 60 000 Normands, Bretons et Gascons cédés par Louis XV, en 1763, trois guides principaux, trois défenseurs de la Tradition de France pour sauver la race conquise. Ce furent : la *Religion*, la *Parole*, le *Journal*.

Mais courageusement, démocratiquement le peuple, décapité de ses classes dirigeantes, sut bien faire son propre salut.

« Permettez-moi de vous le dire, s'écriait, à Rouen, l'an dernier, M. J. Tarte, le ministre libéral canadien, si nous sommes tels qu'on nous voit, qu'on ne l'oublie pas ; c'est que nous sommes restés des catholiques éclairés, épris de toutes les libertés de l'Esprit moderne ».

En Acadie, cette petite *Autre France*, dont le poète américain Longfellow chanta, dans *Evangeline*, la lamentable légende, page touchante de l'Histoire des Normands d'origine, c'est le curé qui releva les courages abattus, qui s'employa à maintenir la Tradition française dans le peuple

2

dispersé, qui prépara le relèvement par l'Enseignement. Et ces Normands d'Outre-Mer, réduits à 12 000 il y a un siècle, sont redevenus un peuple de 100 000 Français qui ont devant eux un bel avenir.

De même pour ces pauvres métis Bois-Brûlés, de l'Ouest, pour ces fils des Courreurs des Bois du Manitoba, le curé de paroisse, le *messire* canadien, les a défendus, organisés, sauvés.

Enfin, l'abbé Tanguay, un prêtre canadien, par trente années de recherches patientes, a pu reconstituer un document unique, le Livre de l'État Civil de toute la Nation Canadienne et rendre, à un peuple entier, ses papiers de famille.

Parmi tous ces vieux noms de France, conservés des premières colonisations jusqu'à nous, par de nombreux rejetons, combien de noms de Normands venus au Canada, aux temps de Louis XIV et Louis XV : les Hébert, les Cartier, les Bégin, etc.

De ce nom, Mgr Bégin, l'évêque actuel de Québec, nous écrivit, au Congrès Normand de Honfleur : « *Vous avez rendu plus vif mon attachement à la France, et en particulier à mon ancienne province, la Normandie. En effet, je suis citoyen de Honfleur, par mes ancêtres, et je m'en fais gloire* ».

C'est, dit-on, le maître d'école, qui a permis aux Prussiens de nous vaincre, en 1870. Au Canada, ce fut le curé de village, le curé de « paroisse », qui, sous le nom moyennageux de *Messire*, entreprit la tâche de relever et d'encourager ces infortunés. Pratique, au surplus, et très moderne, le *Messire* canadien.

Et l'on peut surprendre ce dialogue, entre le curé de paroisse et Jean-Baptiste, le « Jacques-Bonhomme » du Saint-Laurent :

« — Combien d'enfants, à c'te heure, Jean-Baptiste ?
— Nous attendons le treizième, Messire !
— Faut pas s'y arrêter, Jean-Baptiste. On a besoin de petits Français ! »

Et voilà comment, au Canada, il n'est pas rare de rencontrer des familles ayant quinze, vingt, vingt-deux enfants. Le nombre d'enfants joue son rôle jusque dans les élections. Certains candidats ont été battus parce qu'ils n'avaient que deux ou trois petits héritiers. Tièdes patriotes !

Le clergé, en Canada ! Il s'est surpassé. Il a fait preuve d'une abnégation absolue. Aux premiers ans de la colonisation, les plus belles pages du martyrologe indien sont consacrées à des enfants du diocèse de Rouen.

L'Université catholique de Montmorency-Laval, qui va bientôt célébrer les noces d'or de sa cinquantaine, est à Québec, aujourd'hui, ce que sont pour nous à la fois le Collège de France, la Sorbonne, la Bibliothèque nationale.

A côté du *curé*, le Canadien a l'*avocat*, un autre défenseur de la Tradition. Le Code de Québec c'est simplement la vieille Coutume de Normandie mise au point par le Code Napoléon.

Le spirituel M. Hector Fabre, vous le disait, Messieurs, tout à l'heure : les Canadiens de la première heure ne furent pas tous des Normands. Pourtant, c'est dans l'esprit légiste des Normands que les Canadiens découvrirent les moyens les plus efficaces de rester Français sous le drapeau de leur nouvelle couronne.

Et il n'y a pas de longs mois qu'une correspondance amicale s'ouvrit, du jeune barreau de Montréal avec le barreau de Rouen, pour solliciter des maîtres normands leurs bons avis confraternels afin d'aider les cousins du Saint-Laurent à maintenir « la Tradition ».

Les avocats, ils sont nombreux en Canada où l'on est amoureux de belles paroles. Il s'y fait toute l'année une belle dépense d'éloquence.

Aux plus simples bourgades pas de fête canadienne sans discours et sans drapeau tricolore. A parler ainsi en toutes circonstances on se forme. Et les orateurs de village se préparent ainsi aux orages de la tribune. C'est à Québec, c'est dans les grands centres qu'il faut entendre les plaidoiries françaises. Grâce au barreau la langue française, malgré le voisinage de l'anglais, se maintient et s'épure.

A l'Anglais, d'autre part, l'avocat canadien a pris de son calme dont il tempère les belles ardeurs du sang français, dans les discussions parfois très vives de la politique. Sur ce terrain brûlant, aux Anglais aussi il a emprunté le chiffre modéré de ses partis rivaux, sagement limités à deux, *Bleus* et *Rouges*. Heureux Canadiens !

Et l'éloquence française est indistinctement *bleue* ou *rouge*, dans les grands jours parlementaires de la Chambre des députés ou des sénateurs. Eloquence française qui n'a, du reste, rien à envier à celle de notre Palais-Bourbon, ni de notre Luxembourg, et se fait parfaitement entendre des orateurs anglais qui y répondent, non moins éloquemment, dans la langue de Shakespeare.

Tenez. pour preuve que les élus et les électeurs, malgré tout, sont bien restés dans la tradition de chez nous, permettez, Mesdames, que je cite d'irrévérents couplets de la verve populaire canadienne :

LA POLITIQUE EN CANADA

Air de *Cadet-Roussel.*

Depuis longtemps, dans not' pays
Les honnêt's gens sont ébahis.
Entre deux partis on s'chamaille,
On s'trait' de gueux, d'crasse, de canaille.
Ah! Ah! Ah! Sacrebleu!
C'est l'parti rouge, et l'parti bleu.
En face de ces deux partis,
Tous les électeurs abrutis,
Que tant de blague déconcerte,
Sa demandent, la bouche ouverte :
Ah! Ah! Ah! Sacrebleu!
Faut-il êt' rouge, faut-il êt' bleu ?
Quand l'un des deux monte au Pouvoir
Faut' êtr' aveugl' pour ne pas voir,
Qu'après tout ce qu'il cherche à faire
C'est sa grande ou sa p'tite affaire!...
Ah! Ah! Ah! Sacrebleu!
Soit l'parti rouge, soit l'parti bleu!

. . . .

Un autre défenseur de la race, en Canada, fut le journal. Dès 1808 fut fondé le *Canadien*, avec cette devise audacieuse : *notre Langue*, *nos Institutions, nos Droits!*

Elle est humiliante, on peut dire, à un plumitif parisien, la lecture des grandes feuilles françaises du Canada. La *Presse*, la *Patrie*, pour un *centin* (ils ne voudraient pas dire un *penny*), donnent 8, 10, 12 pages de texte serré, *consacrant aux choses de France plus du double de place que nous ne leur accordons dans nos journaux de Paris.*

Les quotidiens, périodiques, revues, magazines, recueils spéciaux, plus de 200 feuilles commentent avec passion choses et faits de chez nous. Il n'y manque rien de ce qui intéresse. Le Commerce, l'Industrie, l'Art, la Religion, le Monde, le Sport y ont leur place. C'est ainsi une encyclopédie courante de la vie quotidienne. Encore un heureux alliage de nos qualités françaises et de l'utilitaire anglais.

Pour tout dire, nos journaux paraissent bien modestes à côté, avec tout leur talent et leur esprit!

« Par malheur, dit M. Tarte, les dépêches qui parlent de France ne sont pas françaises, et souvent elles cherchent à vous nuire. Mes fils, à la *Patrie,* sont occupés tous les jours à les réfuter. Pourquoi, les Français, ne faites-vous pas comme les Anglais? Pourquoi n'avez-vous pas des *Associations de journaux* pour ramener de Londres à Paris, le centre des affaires du Monde, à Paris la ville modèle de la Liberté, de la Justice, de la Civilisation? ».

N'est-ce pas là, en passant, une haute leçon que nous donne un Canadien?

J'ai parlé du drapeau tricolore. En Canada, partout il est arboré par les Français à côté du drapeau anglais.

L'an dernier, en plein Parlement d'Ottawa, M. Tarte jetait cette belle parole : « Messieurs, on accuse le Ministre fédéral d'avoir arboré sur son yacht du lac Champlain les trois couleurs françaises. Messieurs, je suis de sang français. Vous, Messieurs, de sang anglais, que penseriez-vous de moi si je reniais notre drapeau dont l'histoire est toute de gloire et d'honneur? ».

La vigoureuse apostrophe fut saluée par les bravos unanimes de l'Assemblée.

Pour les drapeaux, ce n'est pas tout, Messieurs, écoutez ceci encore : « Le 6 juin 1756, sur les bords du Saint-Sacrement, lac du Canada, le marquis de Montcalm, avec 4 000 Canadiens français, battit 15 000 Anglais et Iroquois. 377 Français restèrent sur place. C'est la belle victoire de Carillon. 2 000 sauvages tués, 1 000 soldats prisonniers; tout le mérite revient à nos braves Canadiens, je n'ai jamais vu de pareilles troupes ». Ainsi s'exprime le rapport du héros modeste.

De cette « journée », dernier sourire de la victoire à nos armes, il reste aux Canadiens un éloquent souvenir. Et, chaque année, aux grandes fêtes, à la Saint Jean-Baptiste, qui est le *Quatorze-Juillet* de la République canadienne, on sort le vieux drapeau de Montcalm, le drapeau de Carillon, dont les lambeaux de soie blanche portent encore les lys de la France royale — mal effacés.

On porte fièrement, par la ville de Québec, la relique patriotique, à côté de la croix de la Cathédrale. Et avec la foule, respectueusement les Anglais se découvrent au passage.

Il y a mieux encore :

En 1837, jours noirs pour les Français du Canada, la langue était proscrite. Les Français exaspérés de n'être plus que des parias au pays découvert et civilisé par leurs pères, les Canadiens prirent les armes. C'était folie que cette révolte, elle fut vite écrasée; 99 rebelles pris les armes à la main furent condamnés et fusillés.

Eh bien ! il y a trois ans, les Français du Canada ont, par souscription nationale, élevé à ces martyrs, à ces rebelles, un monument public sur le grand boulevard de Québec. Et, dans la fête solennelle d'inauguration, à côté du clergé, des associations de patriotres, des Chambres, qui encore ? Le vice-roi, représentant la Couronne d'Angleterre.

N'est-pas qu'ils sont bien des hommes vraiment libres, les Normands du Canada ? Mais aussi, n'est-ce pas, Messieurs, que nos voisins les Anglais ont une grande et belle conception de la liberté coloniale ?

Pour nous, admirons surtout, nous autres Français, admirons les Canadiens qui surent se faire octroyer de telles libertés, qui surent les imposer et les mériter, qui en sont dignes et savent s'en servir !

L'instinct d'ancienne fierté normande inspira aux Canadiens que pour rester libres il fallait *rester debout*, se faire respecter.

C'est ainsi qu'à Londres, pour le Jubilé de la reine Victoria, M. Laurier, « Premier » du Canada, parlant devant sa Suzeraine, ne craignit pas de dire cette parole de bel orgueil : « Nous sommes une nation ! », et quelques jours plus tard, à Paris, celle-ci, non moins fière : « Séparés de la France par sa défaite, notre devoir était de nous redresser comme des hommes. Au lieu de nous éterniser en d'inutiles efforts et de stériles espérances, nous avons porté haut la tête, et nous avons conservé notre héritage ».

M. Tarte, Ministre des Travaux publics ne déclarait-il pas à Paris, l'an dernier : « Nous ne sommes pas Anglais. Nous n'entendons pas devenir Anglais. Nous sommes des Français. Nos pères et nos mères étaient Français; nous n'avons pas à rougir d'eux... Mais nous avons grandi d'une façon merveilleuse dans le Passé, sous les Libres Institutions Anglaises... L'Angleterre et nous sommes intimement liés ensemble. Je n'hésite pas à le dire; avec l'attachement de cœur au pays de nos ancêtres, les Canadiens français ne rêvent pas de retourner sous le régime français. A Paris, j'ai vu bien des hommes d'État français. A tous, sans exception, j'ai eu le plaisir d'exprimer publiquement les sentiments de loyalisme des Canadiens français envers la Couronne d'Angleterre. Et tous, sans exception, furent unanimes pour approuver, encourager, respecter, admirer notre loyalisme fidèle ».

Messieurs, ne voilà-t-il pas un noble langage ?

Il est clair comme la langue de Voltaire. Les Canadiens sont des Français de race, ayant suivi leurs traditions ataviques dans un milieu d'institutions anglaises. *Des « Normands sélectionnés », par le voyage, par l'effort aux terres vierges, par la guerre héroïque, par la vie en liberté qui les affranchit de nos routines, les délivre de nos lisières, des « Français Améliorés » par trois siècles de luttes contre la nature, un siècle et demi de libre arbitre, durement conquis dans l'épreuve, et cent ans de culture anglaise. Un produit humain supérieur, combinant les qualités essentielles des deux races française et anglaise.*

A l'heure où l'on discute autour de l'Université, sur l'*Art d'élever nos Enfants*, la leçon que nous donnent les Canadiens n'est pas à dédaigner, je suppose.

Notez ceci, ils sont surtout *Canadiens*. Ils ont reconquis la personnalité. Et j'admire, moi Français de Paris. Ils sont fiers d'être eux-mêmes. Ils ont raison. Je leur crie bravo ! Leur modestie ne s'offusque pas hypocritement. Et les voilà qui commencent à avouer leur orgueil légitime.

N'est-ce pas là encore un peu de cette *franchise* qui est l'essence du *Français ?*

Mesdames, Messieurs, vous excuserez la passion du voyageur pour le Canada français.

Les Canadiens, je les aime d'aimer la mère qui les abandonna. Dans leur tendresse à eux je trouve la mélancolie des amours voués aux arrachements de la séparation. J'y sens la gravité d'une dignité où survit un peu de l'amertume de notre long oubli ; mais aussi la force consciente d'une nation jeune, sur la route vers les plus beaux avenirs, et cette haute fierté de nous préparer, parmi les futurs empires d'Amérique, un renouvellement, un rajeunissement de notre vieux tronc national, la joyeuse certitude de nous organiser une revanche éclatante de nos revers historiques, dans la Paix féconde, une place d'honneur dans la société future, l'Idéale et juste société de l'avenir, que la race des Normands conquérants, colonisateurs et organisateurs du Monde, finiront par lui imposer de leur bras fort.

Par les Canadiens, une « Autre France » s'élève, en cette Amérique, jadis glissée des mains de nos gouvernants. Trois millions de Français qui ont, dès maintenant, la mission de transmettre aux peuples, encore en tumultueux enfantements des « futurs devenirs », nos traditions de morale et de supérieur Idéal, une douce mission, celle de nous faire aimer...

Messieurs, l'Histoire de la France parmi les nations nous donne cette joie noble : Nous ne fûmes pas toujours les maîtres de la Force, dans nos batailles aux quatre coins de la terre. Mais, peut-être un peu pour cela même, ce fut notre Destin, à nous autres Français, de laisser, après nos défaites, de la graine de sympathie, de la semence de charme, écloses en souvenirs et regrets.

Car il est d'un Dessein Suprême, qu'au-dessus de Force visible qu'on encense, plane une Puissance des Puissances, la Faiblesse... Oui, Mesdames, la Sainte Faiblesse, par quoi la Femme règne sur l'Homme, en tous pays.

Oui, dans notre temps, des dernières luttes homicides, sous les ciels de toutes latitudes, après la mêlée des « struggles », un chapelet de douces choses reste égrené par nous, dans les deux hémisphères.

« Petites Frances » oubliées, « Petites Frances » inconnues, on les avait perdues. Oh ! que non !

A travers les espaces de la Terre, leurs harmonies montent vers la Lumière, dans une litanie qui chante le rachat de nos faiblesses, de nos erreurs, de nos fautes, litanie sereine de notre Génie de Tendresse.

Voilà comment, sur cette terre du Nouveau Monde où notre effort guerrier fut vaincu, rit toujours le vieux Québec de Champlain, de Montcalm, Québec où les journaux, les affiches, les plaques de rues, les cris des revendeuses, les civettes des bureaux de tabac parlent la langue de notre âme. Et c'est Québec, où les amoureux effeuillent le « n'oubliez-pas » français, c'est parmi les babels de fer et de granit des métropoles Yankees, oui c'est Québec, la ville pittoresque et sereine, la ville précieuse, qui reste le reliquaire des souvenirs pour le Peuple d'Amérique, aux heures où il s'attendrit un peu sur lui-même.

Ahuris par leur surmenage, à la poursuite du dollar, exaspérés de nouveautés affolantes, les Américains qui s'éveillent à la sensation d'art, s'enragent de calme. Et ils se portent là, en pèlerinage, vers les sources rafraichissantes de leur Histoire, quand ils veulent retrouver, aux archives de famille, un peu de la Poésie du Passé et respirer le parfum de la fleur d'avenir.

M. Georges Monflier remercie M. Soudan de Pierrefitte de sa conférence, pleine de bien jolies choses, vibrantes, ailées, réconfortantes, qui ouvrent sur l'avenir des horizons magnifiques, et donne la parole aux artistes.

Au bas de la tribune on a dressé une estrade, et sur cette estrade un portique orné de fleurs de pommier, de faisceaux de drapeaux, de l'écusson de la ville de Québec, et d'une banderolle portant la pieuse devise canadienne : JE ME SOUVIENS.

Vingt élèves des écoles primaires, sous la direction de M. G. Duvauchelle, occupent l'estrade. Ils portent des houlettes ornées de bouquets de myosotis attachés par des rubans tricolores. La belle et modeste petite fleur dit-elle, dans son symbolique langage : *Canada, ne m'oubliez pas ?* ou : *France, souvenez-vous de moi ?* Mettons que la Mère et la Fille font la même invocation, et que M. Georges Monflier a eu une pensée d'une infinie délicatesse.

M. Lucien Muratore, du Conservatoire National, dit deux pièces de Louis Fréchette : *Le Drapeau fantôme* et *Espoir quand même.*

Il en saisit bien les nuances et l'esprit. Par sa voix juste et bien timbrée, émue, d'une émotion communicative, l'âme canadienne chante et palpite, frémit tour à tour de patriotisme et de douleur.

Voici ces deux pièces inspirées par l'amour de la vieille France, dictées par le génie de la poésie et couronnées par l'Académie française.

I. — POÉSIES CANADIENNES

dites par M. Lucien MURATOR

LOUIS FRÉCHETTE — *La Légende d'un Peuple* [1]

LE DRAPEAU FANTOME

Nous sommes loin, bien loin.
Ces bruits sourds et confus
Que le vent nous apporte à travers les grands fûts,

[1] A Paris, à la librairie Illustrée, 7, rue du Croissant.

Qui percent les fourrés où bordent la prairie
Ce sont les grondements du sault Sainte-Marie.
Là, dans les lointains bleus qui bornent l'horizon
Où paissaient autrefois l'élan et le bison
Par delà la forêt et la chute qui gronde
Se balancent les flots du plus grand lac du monde.
A droite, c'est la pointe aux Pins, endroit fameux
Où sur le seuil sacré de leurs wiguams fumeux
Les guerriers tatoués des peuplades indiennes,
Qui hantaient autrefois les forêts canadiennes,
Echangèrent souvent le calumet de paix.
Du côté sud, masqués par des fourrés épais
Le voyageur découvre, à deux pas du rivage,
Les restes d'un vieux fort nommé le Fort-Sauvage.
Foulons avec respect ces glorieux débris :
Louis Quinze, en signant le traité de Paris
— Honte qu'à tout jamais, répudiera l'Histoire —
Avait livré ce vaste et fécond territoire,
Dépassant les trois quarts de l'Europe en ampleur,
Comme un lopin de terre, infime et sans laveur.
Nous étions devenus Anglais, comme en un rêve.....
Plus d'un siècle et demi d'héroïsme sans trêve,
De dévouement sans fin, de travail incessant;
Tout un passé de gloire, écrit avec du sang :
Un peuple, un continent, l'avenir, presqu'un monde.....
. . . .
Le vieux drapeau dut refermer ses plis
Et fixer, témoin de tant de hauts faits accomplis,
Faire place partout aux couleurs d'Angleterre.
Sur un point cependant, il se fit réfractaire,
Ce fut au Fort-Sauvage. Un brave, y commandait,
Nommé Cadot. Malheur à qui se hasardait
A provoquer cet homme à rude et forte trempe :
Il cloua simplement le drapeau sur sa hampe.
Un envoyé du roi d'Angleterre arriva.....
— Passe au large, dit-il, j'en ai vu d'autres, va !
— Mais ce fort, maintenant, est un fort britannique.
— Vous dites ? fait Cadot, d'une voix ironique;
Eh bien ! venez-y voir : j'ai trois canons
Qui seront enchantés de vous dire leurs noms.

— Nous vous sommons, Monsieur!
— Et moi, je vous invite
A rebrousser chemin, tous ensemble et plus vite.
Au large! Entendez-vous? ou sinon mes boulets
Vous auront bientôt fait savoir s'ils sont Anglais.

— Commandant, lui dit-on, vous êtes un rebelle :
Prenez garde? — Allons-donc, vous me la baillez belle
Fit en riant, Cadot, depuis quand votre roi
De commander ici, s'arroge-t-il le droit?

— Depuis qu'un souverain, qu'on nomme roi de France,
Nous a cédé son titre à la prépondérance.
Allons! vite, amenez votre drapeau.
— Oui dà,
Le roi de France aurait vendu le Canada?
Eh bien! l'on ne vend pas les Français qu'il renferme;
Si vous croyez nous prendre, allez-y ferme.
Car tant que je serai vivant, et le plus fort,
Mon drapeau flottera sur le donjon du fort.

Allez!
Durant six mois, Cadot, sombre et farouche,
Fit ses provisions de combat et de bouche;
Arma du mieux qu'il put sa faible garnison,
Et puis, il attendit, calme, sur l'horizon,
Sans relache, tenant fixe son regard d'aigle.
Il lui fallut enfin subir un siège en règle,
Sitôt que le printemps facilita l'accès
Des parages lointains où le vieux fort français,
Ouvrait toujours au vent sa bannière insoumise.

Soixante grenadiers des bords de la Tamise
Débarquèrent un jour dans les remous du saut,
Le lendemain matin, on marchait à l'assaut.
Dix hommes seulement défendaient la redoute
La victoire fut rude et coûta cher sans doute;
Mais Cadot, héroïque en sa rébellion,
Du haut de ses remparts lutta comme un lion.
Et les troupes du roi reculèrent, hachées,
On investit la place, on creusa des tranchées;
Et ces fiers conquérants résolurent enfin
De vaincre à temps perdu l'assiégé par la faim.

Mais les précautions de Cadot sont bien prises,
Toujours sur le qui-vive, à l'affût des surprises,
Près du cercueil des morts, au chevet des mourants,
Car les mousquets anglais ont éclairé les rangs;
L'étrange révolté, veille et se multiplie
Tandis que le drapeau sur sa hampe qui plie,
En face des Anglais enfermés dans leur camp,
Au vent flotte toujours, intact et provoquant.
A de forts ennemis, croyant avoir affaire,
Les assiégeants, honteux et ne sachant que faire,
N'osaient plus hasarder un combat désastreux;
Maudissant le guignon, se querellant entre eux.
Ils passèrent l'été sans que ni violence,
Ni ruse, un seul instant, trompant la vigilance
De Cadot, que jamais rien ne put assoupir.
Or, l'automne arriva, il fallait déguerpir :
Un beau matin, plus rien, sans tambour ni trompette
Les Anglais avaient pris la poudre d'escampette;
Battus, manquant de tout et craignant pour leur peau
Ils avaient laissé là Cadot et son drapeau,
Et regagnaient Québec par la route du fleuve.
C'étaient huit mois au moins de gagnés,
Mais l'épreuve
Avait été terrible et fatale au vainqueur.
Sur ses neuf compagnons, tous des hommes de cœur,
Cadot ne comptait plus que deux soldats valides;
Mais c'étaient comme lui deux paroissiens solides
Qui n'avaient pas souvent, comme on dit, froid aux yeux.
Devant le vieux drapeau dont les plis glorieux
Sur le fond vert des bois, comme un vol de mouettes,
Faisait toujours trembler sa blanche silhouette;
Dans un serment farouche, étrange, solennel,
Ils jurèrent tous trois leur salut éternel
Que, sans faillir, et tant qu'une dernière goutte
De sang, leur resterait au cœur, coûte que coûte
Et dût, le monde entier fondre sur le vieux fort,
Tous trois se roidissant dans un suprême effort,
Même quand aurait fui tout rayon d'espérance
Couvriraient de leurs corps le drapeau de la France;
Et que le survivant, dût-il s'éteindre seul,

De son dernier lambeau se ferait un linceul.
— Et maintenant, mes vieux, dit Cadot, *Notre Père...*
Et ce quelqu'Un, d'en haut, en qui toute âme espère,
Vit ces désespérés, au regard sombre et doux,
Auprès du vieux drapeau, qui priaient à genoux.
Les débris, cependant, de la petite armée
Par dix hommes, ainsi, vaincue et décimée,
Transis de froid, brisés de fatigues et de faim,
Aux quartiers généraux étaient rentrés enfin
Dans un état d'esprit difficile à décrire.
A leur récit piteux, Murvay se mit à rire :
— Ma foi, tant pis, dit-il, nous avons devant nous
Plus de temps qu'il nous faut, pour réduire ces fous ;
Je ne vois pas qu'il soit besoin qu'on se morfonde
A déloger ces gueux, à l'autre bout du monde ;
Pour le moment j'ai bien d'autres chiens à fouetter.
En somme, on décida de ne point se hâter,
Les semaines, les mois et les saisons passèrent,
Les souvenirs sanglants par degrés s'effacèrent.
Engagés à présent dans une grande guerre
A Boston, nos vainqueurs ne se souviennent guère,
Dans les anxiétés poignantes des combats,
Que le drapeau français flottait toujours là-bàs.
On oublia Cadot.
A leur serment fidèles,
Tous les ans, quand venait les mois des hirondelles,
Les trois héros songeaient à mourir bravement.
Ils vieillirent. L'un d'eux, on ne sait trop comment,
Périt dans la forêt, sur sa couche brûlante ;
Un autre succomba, rongé de fièvre lente :
Et Cadot resta seul, sans espoir, sans appui,
Avec l'immensité déserte devant lui.........
Vingt ans sont écoulés. Cadot n'est plus qu'une ombre,
Dans les ennuis sans fin, dans les transes sans nombre ;
Mais sans que son courage ait un instant faibli
Le pauvre solitaire, avant l'âge vieilli.
Il est tout blanc; sa main tremble sur la détente
De son mousquet, rouillé, dont la voix éclatante
N'éveille plus l'écho des grands bois giboyeux.
Seul, avec un vieux chien sauvage, au poil soyeux,
Fidèle compagnon de sa vie isolée.

Il montait quelquefois sur la tour ébranlée
Où flottaient les haillons troués du drapeau blanc,
Et là, pensif, courbé sur son bâton tremblant,
Comme s'il eût encore rêvé de délivrance,
Il regardait longtemps du côté de la France,
Et puis s'agenouillait, pendant que de ses yeux
De longs pleurs de vieillard coulaient silencieux.
Il vivait de gibier, de poisson, de racines,
Quelquefois les Indiens des bourgades voisines
Venaient le visiter et, dans son abandon,
D'un peu de pémican grossier lui faisaient don.
Un jour, c'était par un de ces hivers si rudes
Qui désolent souvent ces froides latitudes,
Trois Sauteux qui venaient de chasser l'orignal
Ne virent pas, étrange et funèbre signal,
Le vieux drapeau flotter à son mât qui balance.
Il entrèrent au fort..... Un lugubre silence
Régnait partout. Soudain, dans un obscur réduit
Où le pressentiment d'un malheur les conduit,
Les trois chasseurs se voient en face d'un cadavre.
C'était Cadot rigide, et spectacle qui navre,
N'ayant que son drapeau pour dernier vêtement.
Le héros était mort drapé dans son serment.

. . . .

Le fort n'est plus debout. Pourtant, sur ses ruines,
Le voyageur prétend qu'à travers les bruines
Et les brouillards d'hiver, on voit encore souvent
Le Vieux Drapeau français qui flotte dans le vent.

ESPOIR QUAND MÊME

Tandis qu'un roi sans cœur les marchandait là-bas,
Nos ancêtres avaient, sous le feu des combats,
Conservant jusqu'au bout l'espérance dernière
En chevaliers sans peur, tenu haut leur bannière.

Peuple vingt fois trahi, vendu, sacrifié,
Pour défendre le sol qui leur fut confié,

Et plutôt que de voir leur patrie asservie
Il avaient tout donné, leur fortune et leur vie;
Ne réservant pour eux qu'une chose, l'honneur
Tandis qu'aux Trianons un prince ricaneur
Accueillait, contempteur d'une épopée antique,
Le récit de leurs maux d'un sarcasme sceptique.
Aux excès effrontés des cyniques royaux.
Nos pères, opposant leurs dévouements royaux,
Aux yeux de l'univers avaient dans vingt batailles
Racheté de leur sang les hontes de Versailles.
Ils en furent payés par l'exil et l'oubli.
Dans les émotions d'un grand pas accompli,
Sur les âpres chemins d'une autre destinée,
Tout entière à sa gloire, et sans cesse entraînée
Sur les pas d'un guerrier fatal, qui sans repos
Aux quatre coins du monde arborait ses drapeaux.
La grande Nation oublia la poignée
De braves, par la faim, par le glaive épargnés
Qui, fidèle, quand même, aux bords du Saint-Laurent,
Sous un sceptre étranger, la nommait en pleurant.
Le temps passe... Au delà de cent ans s'écoulèrent;
Sous de nouveaux guidons les peuples s'enrôlèrent;
Mais bien que sous un joug inflexible penché,
Nul peuple sous le ciel n'a vaillamment marché,
Comme ce groupe fier d'abandonnés; la fibre
Du cœur resta chez eux indépendante et libre
Sous un autre drapeau, sous un autre pouvoir
Ils durent, il est vrai, se plier au devoir :
Mais devenus loyaux sujets de l'Angleterre
En eux la voix du sang ne sut jamais se taire.
Ils respectent les plis qui flottent sur leurs tours,
Mais toujours et partout, chers et touchants retours,
Le plus humble d'entre eux, au seul nom de la France,
Sent encore poindre en lui une vague espérance.
A ce sujet, voici ce que nous racontait
Notre vieux professeur de droit romain. C'était
Un modeste savant, Parisien de race,
Qui commentait le Code et récitait Horace
Par cœur. Un pur hasard l'avait jeté chez nous.
Il avait conservé son accent et ses goûts,

Il grassayait; et puis, tous les matins, à l'heure
Où s'ouvrent les marchés, il quittait sa demeure
Et d'échoppe en échoppe et d'étal en étal,
Ainsi qu'un bon bourgeois dans son pays natal.
Il s'en allait lui-même, acheter ses denrées.
Il aimait la rumeur des foules affairées;
Bonhomme s'il en fût, marchandant et causant,
Il s'arrêtait parfois auprès des paysans
Et s'informait du prix des blés, de son ménage;
Il lui parlait moisson, bestiaux, jardinage,
Chacun le connaissait et chacun l'écoutait,
Ce parleur dont l'accent surtout les déroutait.
Un jour, une vendeuse, accorte et bonne vieille
Laquelle à ses discours prêtait souvent l'oreille
L'interpella, disant — Monsieur vous jasez bien,
Sans doute, et cependant pas en vrai Canadien,
Pas en Anglais non plus; pas pour dire ça, dame!
— Moi, fait le père Aubry, je suis Français, Madame.
— Français ? Eh bien, pardi, c'est dans nos environs,
Pour être Canadien on n'est pas des Hurons;
On est tous des Français, nous aussi que je pense.
— C'est vrai, mais moi je suis un Français de la France.
— De la France ? Eh bien, nous de quel pays est-on ?
Sommes-nous par hasard des Français de Boston ?
Il n'est pas de Français sans France, que je sache.
Le bon vieux professeur riait dans sa moustache.
— Pardonnez-moi, dit-il, vous ne comprenez pas,
Vous êtes née ici; moi je suis né là-bas.
Né là-bas. C'était là presque du fantastique.
La marchande, à ces mots, laisse là sa boutique,
Et tandis que son œil commence à se troubler,
S'avance, et d'une voix que l'émoi fait trembler,
Vous êtes né là-bas, vous, dit la femme en transe,
Vous êtes né là-bas, dans notre vieille France ?
Vous en venez ?
— Mais oui, dit notre humble savant,
Pour vous servir. Bonjour, Madame.
Mais avant
Qu'il eut tourné le dos pour reprendre sa route
La vieille qui craint fort que quelqu'un ne l'écoute,

Le saisit par la main, et furtive, guettant
Si quelque Anglais n'est pas là qui entend,
Tandis que son regard aux alentours surveille
S'approche du bonhomme et lui glisse à l'oreille
Ces mots dits d'un accent qu'on ne peut définir,
— Dites moi donc, à moi, là... Vont-ils revenir ?
Et comme il achevait de conter cette histoire,
Dans son émotion, brusquant son auditoire,
Le bon vieux professeur faisant un demi-tour
S'en allait grommelant :
Gueuse de Pompadour !

Vient ensuite cette belle poésie de Charles Gill :

STANCES AUX ÉTOILES

Étoiles ! Tourbillon de poussière sublime
Qu'un vent mystique emporte au fond du ciel désert,
A vouloir vous compter notre calcul se perd
Dans le vertigineux mystère de l'abîme.
Etoiles ! Tourbillon de poussière sublime !

Le puissant télescope ouvre son œil en vain,
Vous n'avez pas livré le secret de votre être,
Et nous vous admirons sans pouvoir vous connaître,
Quand descend dans le soir votre rêve divin.
Le puissant télescope ouvre son œil en vain !

Yeux d'or indifférents aux frêles destinées,
Des peuples ont sombré dans le fatal remous,
Avant que vos rayons, égarés devers nous,
Aient franchi la distance en des milliers d'années.
Yeux d'or indifférents aux frêles destinées !

Vous planez sur la Mort, vous planez sur l'Oubli.
Le temps emporte tout, le Siècle comme l'Heure ;
Tout se perd, tout s'écoule... et votre aspect demeure
Tel qu'il le fut jadis pour maint enseveli.
Vous planez sur la Mort, vous planez sur l'Oubli !

Vous hantez le silence altier des Solitudes.
Comme les bruits d'en bas ne bourdonnent jamais
Dans le glacial éther, hôtes des gouffres muets,
Vous ignorez le cri des viles multitudes.
Vous hantez le silence altier des Solitudes!

Vous brillez dans mon cœur autant que dans la nuit :
O Merveille des Cieux, tu tiens là tout entière!
J'y garde vos reflets comme en un sanctuaire.
Et, plus d'un noir chagrin devant eux s'est enfui.
Vous brillez dans mon cœur autant que dans la Nuit!

Phares de l'Infini, vous éclairez mon âme!
Votre immense problème atteint l'éternité;
Vous me révélez Dieu par votre majesté,
Je vois luire Son Nom dans vos orbes de flamme.
Phares de l'Infini, vous éclairez mon âme!

Oh! guidez-vous les morts dans leur envol vers Dieu?
Mon esprit, délivré du fardeau périssable,
S'engloutira peut être en l'ombre irrévocable,
Ignorant de sa route, après l'ultime adieu.
Oh! guidez-vous les morts vers leur envol vers Dieu?

Je t'adore, ô splendeur des Étoiles sans nombre!
Elevant ma pensée à ton niveau géant,
J'ai vu l'âme Immortelle et nié le Néant,
Car, à te contempler, j'ai grandi dans mon ombre...
Je t'adore, ô splendeur des Étoiles sans nombre!

CHARLES GILL.

C'est un rêve religieux, mystique, canadien, une course folle dans les profondeurs célestes, dans la splendeur de soleils sans nombre, à la poursuite de l'au-delà. Il y a du souffle, de l'harmonie, du rythme. Pour Charles Gill, Phébus n'est pas sourd et Pégase n'est pas rétif, mais l'interprétation de son rêve est très difficile. M. Muratore s'en tire avec honneur et récolte une bonne salve d'applaudissements.

Pour terminer cette partie du programme, M. Muratore lit ce sonnet d'Émile Nelligan :

DEVANT DEUX PORTRAITS DE MA MÈRE

Ma mère, que je l'aime, en ce portrait ancien !
Peint aux jours glorieux qu'elle était jeune fille;
Le front couleur de lys et le regard qui brille
Comme un éblouissant miroir vénitien.

Ma mère que voici n'est plus autant la même,
Les soucis ont passé sur le marbre frontal;
Il a perdu l'éclat du temps sentimental
Où son printemps chantait comme un rose poème.

Aujourd'hui, je compare et j'en suis triste aussi,
Ce front chargé de joie et ce front de souci,
Soleil d'or, brouillard dense au couchant des années.

Mais, mystère du cœur qui ne peut s'éclairer !
Comment puis-je sourire à ces lèvres fanées ?
Au portrait qui sourit, comment puis-je pleurer ?

EMILE NELLIGAN.

L'auteur s'affranchit lestement de la règle et fait frémir l'ombre de Boileau. Le sujet qu'il traite passe en France pour un peu vieillot. En Canada, au contraire, il est jeune encore. Comme aux plus beaux jours des temps anciens, le franco-canadien contemple avec vénération la femme divine qui l'a porté dans ses flancs, bercé sur son cœur, nourri de son amour. Et les Normands, admirateurs des belles choses, jeunes ou vieilles, modées ou démodées, n'ont pas ménagé les applaudissements.

Avec M. Hector Fabre et M. Soudan de Pierrefitte, nous avons entrevu la patrie canadienne et deviné ses espérances. MM. Louis Fréchette, Charles Gill, Emile Nelligan nous ont dévoilé le cœur canadien, patriote, religieux, rêveur. Mlle Lucy. Vautrin va nous dire des chants qui se chantent les soirs d'été, devant le logis, à l'heure délicieuse où l'hirondelle revient au nid, et dans les longues soirées hivernales, autour de l'énorme poêle qui réunit la famille. De sa voix étendue, souple, fraîche, conduite avec art, accompagnée du petit bataillon scolaire parfaitement stylé par M. Duvauchelle, elle fait revivre pour nous de douces et gracieuses chansons, des chœurs alertes que tout Normand croit avoir entendus, croit même avoir chantés, que sa grand'mère a fredonnés sur son berceau. Emus de cet appel aux souvenirs de notre prime jeunesse, nous avons applaudi avec attendrissement :

En roulant ma boule ;
Bonjour le Maître et la Maîtresse ;
A la claire fontaine ;
Vive la Canadienne !

EN ROULANT MA BOULE [1]

1

Derriér' chez nous ya-t-un étang,
En roulant ma boule.
Trois beaux canards s'en vont baignant,
Rouli, roulant, ma boule roulant,
En roulant ma boule roulant,

En roulant ma boule.

2

Trois beaux canards s'en vont baignant,
En roulant ma boule.
Le fils du roi s'en va chassant,
Rouli, roulant, ma boule roulant,

En roulant, etc.

1 Extrait du *Recueil* de Ach. Fortier. — Edmond Hardy éditeur, rue Notre-Dame, 1637, Montréal.

3

Le fils du roi s'en va chassant,
En roulant ma boule.
Avec son grand fusil d'argent,
Rouli, roulant, ma boule roulant,

En roulant, etc.

4

Avec son grand fusil d'argent,
En roulant ma boule.
Visa le noir, tua le blanc,
Rouli, roulant, ma boule roulant,

En roulant, etc.

5

Visa le noir, tua le blanc,
En roulant ma boule.
O fils du roi, tu es méchant !
Rouli, roulant, ma boule roulant,

En roulant, etc.

6

O fils du roi, tu est méchant !
En roulant ma boule.
D'avoir tué mon canard blanc,
Rouli, roulant, ma boule roulant,

En roulant, etc.

7

D'avoir tué mon canard blanc,
En roulant ma boule.
Par dessous l'aîle il perd son sang,
Rouli, roulant, ma boule roulant,

En roulant, etc.

8

Par dessous l'aile il perd son sang,
En roulant ma boule.
Par les yeux lui sort'nt des diamants,
Rouli, roulant, ma boule roulant,

En roulant, etc.

9

Par les yeux lui sort'nt des diamants,
En roulant ma boule.
Et par le bec l'or et l'argent,
Rouli, roulant, ma boule roulant,

En roulant, etc.

10

Et par le bec l'or et l'argent,
En roulant ma boule.
Toutes ses plum's s'en vont au vent,
Rouli, roulant, ma boule roulant,

En roulant, etc.

11

Toutes ses plum's s'en vont au vent,
En roulant ma boule.
Trois dam's s'en vont les ramassant,
Rouli, roulant, ma boule roulant,

En roulant, etc.

12

Trois dam's s'en vont les ramassant,
En roulant ma boule.
C'est pour en faire un lit de camp,
Rouli, roulant, ma boule roulant,

En roulant, etc.

13

C'est pour en faire un lit de camp,
En roulant ma boule.
Pour y coucher tous les passants,
Rouli, roulant, ma boule roulant,
En roulant ma boule roulant,

En roulant ma boule.

A LA CLAIRE FONTAINE

1

A la claire fontaine } *bis, ad lib.*
M'en allant promener, }
J'ai trouvé l'eau si belle
Que je m'y suis baigné.

Lui ya longtemps que je t'aime,
Jamais je ne t'oublierai.

2

J'ai trouvé l'eau si belle
Que je m'y suis baigné;
Sous les feuilles d'un chêne
Je me suis fait sécher [1].

Lui ya longtemps, etc.

3

Sous les feuilles d'un chêne
Je me suis fait sécher;
Sur la plus haute branche
Le rossignol chantait.

Lui ya longtemps, etc.

1 Variante : Et c'est au pied d'un chêne
Que me je me suis r'posé.

4

Sur la plus haute branche
Le rossignol chantait.
Chante, rossignol, chante,
Toi qui as le cœur gai.

Lui ya longtemps, etc.

5

Chante, rossignol, chante,
Toi qui a le cœur gai ;
Tu as le cœur à rire,
Moi je l'ai-t-à-pleurer.

Lui ya longtemps, etc.

6

Tu as le cœur à rire,
Moi je l'ai-t-à pleurer;
J'ai perdu ma maîtresse
Sans pouvoir la r'trouver [1].

Lui ya longtemps, etc.

7

J'ai perdu ma maîtresse
Sans pouvoir la r'trouver,
Pour un bouquet de roses
Que je lui refusai.

Lui ya longtemps, etc.

8

Pour un bouquet de roses
Que je lui refusai,
Je voudrais que la rose
Fût encore au rosier.

Lui ya longtemps, etc.

1 Variante : « Sans l'avoir mérité ».

9

Je voudrais que la rose
Fût encore au rosier,
Et que le rosier même
Fût à la mer jeté[1].

Lui ya longtemps que je t'aime,
Jamais je ne t'oublierai.

VIVE LA CANADIENNE !

1

Vive la Canadienne!
Vole, mon cœur, vole,
Vive la Canadienne
Et ses jolis yeux doux!
Et ses jolis yeux doux, doux, doux,
Et ses jolis yeux doux.

2

Nous la menons aux noces,
Vole, mon cœur, vole,
Nous la menons aux noces
Dans tous ses beaux atours.
Dans tous, etc.

3

Là, nous jasons sans gêne,
Vole, mon cœur, vole,
Là nous jasons sans gêne;
Nous nous amusons tous.
Nous nous, etc.

4

Nous faisons bonne chère,
Vole, mon cœur, vole,
Nous faisons bonne chère
Et nous avons bon goût.
Et nous, etc.

5

On danse avec nos blondes,
Vole, mon cœur, vole,
On danse avec nos blondes,
Nous changeons tour à tour.
Nous changeons, etc.

6

On passe la carafe,
Vole, mon cœur, vole,
On passe la carafe
Et nous prenons un coup[2].
Et nous, etc.

[1] Variante : Et moi et ma maîtresse
Dans les mêm's amitiés.

[2] Variante : Nous buvons tous un coup.

7

Mais le bonheur augmente,
Vole, mon cœur, vole,
Mais le bonheur augmente
Quand nous sommes tous soûls.
Quand nous, etc.

8

Alors toute la terre,
Vole, mon cœur, vole,
Alors toute la terre
Nous appartient en tout.
Nous appartient, etc.

9

Nous nous levons de table.
Vole, mon cœur, vole,
Nous nous levons de table,
Le cœur en amadou.
Le cœur, etc.

10

Nous finissons par mettre,
Vole, mon cœur, vole,
Nous finissons par mettre
Tout sans dessus-dessous.
Tout sans, etc.

11

Ainsi le temps se passe
Vole, mon cœur, vole,
Ainsi le temps se passe :
Il est vraiment bien doux!

M. Georges Monflier, heureux du succès de la soirée, remercie en ces termes M. Hector Fabre, M. Soudan de Pierrefitte, les artistes et les écoliers :

Remerciements de M. le Président :

MESDAMES, MESSIEURS,

Voici le moment de nous séparer. Je vous demande pardon de retenir encore pendant quelques instants votre bienveillante attention, mais j'ai beaucoup de remerciements à adresser.

Je dois d'abord remercier tout spécialement M. Hector Fabre, commissaire général du Canada à Paris, qui a bien voulu me faire l'honneur de venir présider cette dernière séance de l'année. Sa haute personnalité, sa présence parmi nous ce soir, donne à cette petite fête un éclat particulier dont je lui suis profondément reconnaissant.

J'adresserai aussi mes remerciements très sincères à notre conférencier qui nous a fait passer une heure charmante dont le souvenir va nous donner le désir de nous rapprocher de nos vieux cousins d'Amérique.

Je ne veux pas lever cette séance sans remercier les autorités qui ont bien voulu nous faire l'honneur d'y assister, et, en particulier, M. le Maire de Rouen qui, en sa qualité de président d'honneur de notre Société, s'intéresse toujours à ses travaux et a bien voulu m'autoriser à faire chanter les chœurs que vous avez entendus par les enfants des écoles de la ville.

Je remercie aussi M. l'Inspecteur d'Académie, M. Doliveux, qui, nouvellement arrivé parmi nous, nous a témoigné sa vive sympathie en accordant lui-même l'autorisation en ce qui le concernait, afin de pouvoir vous faire entendre ces chansons canadiennes.

Merci encore à MM. les Directeurs d'écoles, et tout particulièrement merci à M. Duvauchelle, professeur de musique aux écoles de la ville, qui a assumé la lourde tâche dans laquelle il a si bien réussi, d'ailleurs, de faire apprendre toutes ces chansons; merci aux artistes et en particulier à Mlle Lucie Vauthrin, qui a bien voulu nous prêter son gracieux concours et qui s'est acquittée avec tant de bonne grâce de l'interprétation de ces chansons si poétiques. Nous ne saurions trop la féliciter de l'âme qu'elle a mise à nous les faire entendre et je la complimente ici de la façon dont elle a mené à bien le mandat que je lui avais confié.

Je n'ai pas besoin de vous parler de M. Murator : son titre seul de prix du Conservatoire vous indique quelle est la valeur de cet artiste qui s'est acquitté de son rôle avec un talent que j'admirais tout à l'heure. J'espère que vous ratifierez par vos applaudissements le plaisir que vous avez eu à l'entendre.

Mes derniers mots seront pour vous, Mesdames, Messieurs. J'ai terminé ce soir ma première année de présidence et je vous remercie de la confiance que vous m'avez témoignée. Vous avez montré, de votre côté, beaucoup d'assiduité à suivre nos conférences; de mon côté, je vous ai apporté beaucoup de bonne volonté. Confiant dans votre indulgence, je vous donne rendez-vous à l'année prochaine.

M. Canonville-Deslys, vice-président, se faisant l'interprète du Bureau, remercie vivement M. Georges Monflier de la fête magnifique qu'il vient de donner — avec tant de tact, de soins et de générosité — à la Société, normande de Géographie.

Un quart d'heure après le départ des invités, la grande salle est réouverte pour une seconde fête, plus intime, offerte par M. Georges Monflier en l'honneur de M. Hector Fabre.

Chaque invité porte au corsage ou à la boutonnière un petit bouquet de myosotis. La gentille petite fleur — couleur du ciel et du drapeau de Montcalm — disait à M. Fabre, dans son mystique langage et en bon français, pour être redit là-bas, dans la France de Champlain : *Nous nous souvenons !*

La « fleur du souvenir » se produisait utilement, car on ne devait plus beaucoup parler du Canada.

Voici le programme composé par M. Georges Monflier :

Soirée du Jeudi 30 Mai 1901

EN L'HONNEUR DE M. HECTOR FABRE

Commissaire général du Canada, à Paris

AVEC LE GRACIEUX CONCOURS DE

Mlles Lucy VAUTHRIN et Madeleine DEPLAIS-MARSIK

Elèves du Conservatoire

MM. Ernest VAUTHRIN, professeur de violon, Lucien MURATORE, du Conservatoire national, Francis TERRAZ, pianiste (premier prix du Conservatoire)

PREMIÈRE PARTIE

1. Sonate .... CHOPIN.

   M. TERRAZ.

2. Air de *Louise* .... CHARPENTIER.

   Mlle Lucy VAUTHRIN.

3. Suite de Ries (Concerto) .... WIENIAWSKI.

   A) Romance. — B) Bourrée.

4. Air du *Caïd* .... A. THOMAS.

   Mlle DEPLAIS-MARSIK.

5. Duo du *Cid* .... MASSENET.

   Mlles VAUTHRIN et DEPLAIS-MARSIK.

6. Air de *Sigurd* .... REYER.

   M. Lucien MURATORE.

7. Duo de *Manon* .... MASSENET.

   Mlle Lucy VAUTHRIN et M. MURATORE.

8. *Le Père Malandrin* « Retour du Canada » ....

   M. Paul DELESQUES.

DEUXIÈME PARTIE

LE PORTRAIT DE MANON

Opéra-comique en un acte de Georges BOYER. — Musique de MASSENET.

Le Chevalier Des Grieux......................	MM.	Lucien MURATORE.
Tiberge....................................		Ernest VAUTHRIN.
Le vicomte de Morcerf......................	Mlles	Lucy VAUTHRIN.
Aurore.....................................		DEPLAIS-MARSIK.

Accompagnement : M. Francis TERRAZ

Ordinairement la musique savante, chantée un papier à la main, ravit les *dillettanti* et endort les profanes. Tous les auditeurs étaient sans doute musiciens, car tous ont applaudi.

Vient enfin le *Père Malandrin,* je veux dire M. Paul Delesques. Ce paysan, madré normand, malicieux, narquois, canaille, vrai, débite ses naïvetés désopilantes et termine par un large éclat de rire, cette première partie du programme.

Pour le *Portrait de Manon* — un petit bijou d'opéra-comique qui n'avait pas encore été joué à Rouen — les artistes avaient de beaux costumes tout neufs. Ils avaient aussi de la voix, de l'aisance et, se sentant dans une ambiance sympathique, ils déployèrent, sans contrainte, tous leurs moyens. L'auditoire a été content des artistes et les artistes de l'auditoire.

Sur le minuit la fête a pris fin. Chacun emporta le souvenir d'une soirée ravissante, et un petit grain de reconnaissance pour M. Georges Monflier.

154

www.ingramcontent.com/pod-product-compliance
Lightning Source LLC
LaVergne TN
LVHW010101230826
846091LV00005B/2031

* 9 7 8 2 0 1 1 7 7 6 5 5 6 *